AF242732

L 27
n
90079

POMPE FUNÈBRE

CÉLÉBRÉE LE 30 JUIN 1840,

PAR LES TROIS ATELIERS

DES SEPT ÉCOSSAIS RÉUNIS,

A L'ORIENT DE PARIS,

EN MÉMOIRE DU TRÈS-ILLUSTRE FRÈRE

VASSAL,

Docteur en médecine, Vénérable de la Loge, et ex-Président du Souverain Chapitre et du Conseil de Kadosch, Officier honoraire du Grand-Orient de France, Grand-Inspecteur-Général, 33e degré, décédé le 2 mai 1840.

PARIS.

IMPRIMERIE DE Mme Ve DONDEY-DUPRÉ,
RUE SAINT-LOUIS, 46, AU MARAIS.

1840

POMPE FUNÈBRE

CÉLÉBRÉE LE 30 JUIN 1840,

EN MÉMOIRE

DU TRÈS-ILLUSTRE FRÈRE VASSAL.

La séance, dégagée des formes maçonniques, a été présidée par le très-illustre frère Ragot, 33e degré, Vénérable de la Loge ; à ses côtés siégent les très-illustres frères Renard, Grand-Maître du Conseil, Officier honoraire du Grand-Orient de France, et Fleulard, représentant l'atelier du souverain Chapitre, Officier titulaire du Grand-Orient ; les deuxième et troisième maillets sont tenus par leurs titulaires, les vénérables frères Martin, Rose-Croix, et Martinet, Rose-Croix, Officiers du Grand-Orient de France ; la tribune est occupée par le très-cher frère

Bessin, Orateur titulaire de la Loge et du Conseil, Officier du Grand-Orient, 33e ; Orateur de la Chambre de Correspondance et des Finances, le frère Patin , 33e, Secrétaire.

Le temple est entièrement tendu de noir, parsemé de larmes blanches ; le nom du très-vénérable frère Vassal, en lettres majuscules disposées sur chaque colonne, indique que lui seul, en ce jour de deuil, est l'objet des regrets douloureux de ses frères et de ses nombreux amis.

Dans l'enceinte du temple, entre les colonnes, s'élève un cénotaphe de forme pyramidale ; drapé en noir, parsemé de larmes blanches, où sont déposés les insignes maçonniques du frère décédé, et autour duquel quatre lampes antiques laissent échapper une grande quantité de flammes mystérieuses et continues, symbole de l'immortalité.

Aux quatre angles du cénotaphe sont placés les quatre frères doyens des ateliers des *Sept Écossais réunis ;* un grand nombre d'Officiers et dignitaires du sénat maçonnique siégent à l'Orient ; les Présidens des ateliers de l'Orient de

Paris, et les membres des *Sept Écossais réunis*, occupent les places qui leur ont été réservées. Les tribunes et les colonnes sont complètement garnies par les dames et les hommes, maçons ou profanes, invités à cette solennité lugubre.

La veuve et les enfans du respectable frère Vassal prennent place à l'Orient.

Le très-illustre Président ayant ouvert la séance par une touchante allocution sur le douloureux motif qui réunissait dans cette enceinte un si nombreux auditoire, l'harmonie par ses accords religieux et plaintifs dispose les frères et les sœurs à la cérémonie, qui a lieu dans le plus profond recueillement.

Avant de se rendre auprès du cénotaphe orné de fleurs funéraires, le Vénérable donne communication de la planche ci-après adressée aux trois ateliers des *Sept Écossais réunis*, par le très-illustre frère Bouilly, membre du Conseil des Sept Écossais, et représentant particulier du Grand-Maître de l'Ordre en France ; 33ᵉ degré.

Orient de Fontainebleau, ce 17e jour du 4e mois de l'an de
la vraie lumière 5840.

« Très-chers et illustres frères,

» C'est avec un regret vivement senti que je
me vois privé, par ma faible santé, de m'u-
nir à vous, pour couvrir de rameaux fraternels
les mânes d'un Maçon auquel m'unissait une
tendre amitié, et dont le savoir profond, le
zèle infatigable et les nombreux services rendus
à l'Ordre, gravent à jamais son souvenir parmi
les vieux fidèles de la vraie lumière.

» Oh ! lorsque vous entourerez l'emblème de
ses restes vénérés, veuillez joindre à vos vœux unanimes celui de votre représentant du Grand-Maître,
et répéter ces mots qui, le 30 de ce mois, vers
neuf heures du soir, s'échapperont de mon cœur.

« Frère Vassal, qui fus l'ami le plus dévoué,
» et dont la loyale franchise a fait tant d'ingrats,
» reçois au nom de celui que tu fis *Kadosch*,
» les adieux d'un vieillard qui ne peut retenir
» ses larmes, et qui ne tardera pas à te rejoin-
» dre à la grande Loge de l'éternelle paix ! »

» Je suis trop ému, mes frères, pour continuer cet épanchement du cœur : ma vieille main tremblante a de la peine à suivre l'élan de ma pensée. Il ne me reste plus que la force nécessaire pour faire avec vous la batterie de deuil, et pour répéter en vous embrassant : Gémissons ! gémissons ! gémissons ! »

Signé : BOUILLY ,

Représentant particulier du Grand-Maître de l'Ordre en France.

Après les hommages rendus à la mémoire du très-illustre frère Vassal, la parole est donnée au vénérable frère Bessin, Orateur titulaire, chargé de prononcer l'oraison funèbre. Ce frère s'exprime en ces termes :

Les signes de deuil dont nous sommes entourés, ces torches funèbres dont la pâle lumière à peine nous éclaire, et surtout le pieux recueillement qui règne dans cette enceinte, m'imposeraient le silence le plus absolu, si, devant affliger vos âmes en excitant de nouveau votre douleur profonde, je n'avais l'espoir de trouver quelques motifs d'en diminuer l'amertume.

Mes frères, dans un temps qui n'est pas encore éloigné, nous venions dans ce temple, le cœur plein de joie et de bonheur, nous ranger autour d'un frère que nous chérissions tous, et qui depuis longues années était tout à la fois notre maître, notre guide et notre ami. Nous étions heureux alors de pouvoir savourer avec lui les douceurs de l'amitié fraternelle ; nous étions heureux aussi de prendre part aux leçons de haute philosophie morale qui agrandissent le cœur de l'homme et ennoblissent son âme ; nous étions fiers, enfin, de partager les principes d'humanité qu'il savait enseigner avec autant de charme que d'esprit et de conviction.

Mais aujourd'hui, notre joie a fait place à la tristesse ; cet appareil lugubre témoigne assez que la mort est venue parmi nous et s'est emparée de sa proie.

En effet, mes ffrères, désormais nous ne pouvons plus espérer rencontrer ici notre bon et excellent frère Vassal ; en vain nous le cherchions de nos regards vers cet Orient où nous aimions tant à le voir placé, et d'où ses brillantes lumières éclairaient nos colonnes, d'où le son de sa voix et sa douce éloquence vivifiaient et fortifiaient nos cœurs, comme l'astre du jour éclaire l'horizon, vivifie, fortifie la nature, et concourt à son développement.

Non, mes frères, nous ne le posséderons plus parmi nous : l'impitoyable mort, en l'arrachant à notre affection, à notre amitié et à notre amour, ne nous a laissé qu'une amère douleur.

Aussi, après cette perte irréparable, avez-vous unanimement pensé au devoir sacré qui vous restait à remplir, celui de payer à notre frère Vassal le juste tribut de notre respect, de notre reconnaissance et de notre admiration pour tout ce qu'il a fait de beau et d'utile, en un mot, pour les grands et nombreux services qu'il a rendus à la société civile, à la Maçonnerie, et particulièrement aux trois ateliers des *Sept Écossais réunis.*

Afin que cet hommage puisse lui être rendu d'une manière tout à la fois digne de lui et de vous, vous avez spontanément décidé que le temple consacré à vos travaux serait transformé en un temple de deuil, et que sur son tombeau tous nous viendrions verser des larmes de douleur et de regret.

Cependant, mes frères, quelle que soit l'émotion pénible que peut nous faire éprouver un tel moment, gardons-nous de laisser abattre notre courage, cherchons au contraire à le ranimer, et pour cet effet, envisageons la mort non comme l'envisage le vulgaire, mais bien comme doit la considérer l'homme sage, l'homme éclairé, l'homme vraiment philosophe, c'est-à-dire comme une conséquence de la vie elle-même, qui a, ainsi que tous les êtres animés de la création, un commencement et une fin, en nous rappelant sans cesse que Dieu seul est éternel.

Ainsi, un peu plus tôt, un peu plus tard, l'heure aura sonné pour nous comme elle a sonné pour le frère que nous pleurons.

Soumettons-nous donc aux décrets de la divine Providence ; sans craindre cette heure ni sans la désirer, attendons-la avec résignation, en nous préparant à rendre à l'Auteur de toutes choses cette vie que nous tenons de lui, lorsqu'il lui plaira de nous la demander.

Mais ici, mes frères, une haute pensée ne vient-elle pas frapper notre esprit ? N'entendons-nous pas une voix intime nous dire que si le Créateur, en nous donnant l'existence, nous a doués de la sublime intelligence et des facultés qui nous placent au-dessus des autres êtres, il nous a imposé en même temps une mission importante que nous devons chercher à remplir par de constans efforts, en pratiquant toutes les vertus qui nous conduisent essentiellement au bien, à aimer, à chérir nos semblables, à leur être utile autant qu'il est en nous, et que ce n'est que quand l'homme a ainsi vécu sur cette terre, qu'il peut dire, avec le calme d'une âme pure : Je suis prêt ?

Interrogeons donc la vie de notre frère, et voyons si telle n'a pas dû être sa dernière pensée.

Le frère Vassal (Pierre-Gérard) est né à Manosque, département des Basses-Alpes, le 14 octobre 1769.

Destiné par ses parens à l'état ecclésiasti-

que, il entra au séminaire de Marseille, sous
la direction de l'abbé Barras, frère de l'ancien
directeur, où il resta jusqu'en 1790.

A cette époque de révolution, le jeune Vassal
quitta le séminaire pour se rendre, en qualité de
volontaire, aux armées, où il servit pendant dix-
huit mois.

De retour dans son pays natal, Vassal se livra
à l'étude de la médecine, et, après deux ans
d'un travail opiniâtre, il fut commissionné chi-
rurgien de troisième classe pour être employé à
l'armée de la Moselle, où il s'empressa de se
rendre. Pendant l'an 2 et l'an 3 de la répu-
blique, il fut attaché aux hôpitaux de Manheim
et de Bitche.

Licencié en l'an 4, il vint à Paris pour y continuer ses études en médecine.

Reçu officier de santé exerçant en 1796, il re-
doubla de zèle et d'activité, cherchant sans cesse à
élargir le cercle de ses connaissances dans la science
qu'il aimait avec passion, non seulement parce
qu'il y trouvait le moyen d'exercer son esprit et

son goût, mais encore parce qu'il concevait l'espoir de parvenir un jour à être plus utile à l'humanité souffrante, pensée noble et sublime qui élevait son âme et le portait à servir ses semblables.

Aussi ses efforts furent couronnés de succès. Le 28 janvier 1809, après avoir victorieusement soutenu une thèse sur les propriétés de la digitale pourprée, plante dont on ne faisait presque point usage en France avant lui, et qu'on emploie aujourd'hui avec le plus grand avantage contre l'hydropisie et dans les maladies du cœur, il fut reçu docteur en médecine de la Faculté de Paris.

Le frère Vassal était fondateur de la Société Médico-Pratique, membre correspondant de la Société de médecine de Bordeaux et Membre de la Société médicale d'Émulation.

Comme docteur-médecin, ce frère a rendu à la société de nombreux et éminens services, qu'il nous serait difficile d'énumérer ici ; mais nous pouvons dire que, pendant plus de quarante années de pratique, le frère Vassal a constamment cherché à faire tourner au profit de la science, et par conséquent de l'humanité, toutes les observations qu'il a faites, soit en les publiant, soit en les consignant dans des rapports faits par lui à l'Académie de Médecine ou aux Sociétés dont il faisait partie.

Parmi ces rapports, on en trouve un très-important, qu'il présenta en 1824, sur l'acétate de morphine et les moyens de reconnaître ce poison après la mort.

Ce qui est encore notoire pour nous, c'est cette activité constante, ce zèle infatigable qu'il déployait chaque jour, à toute heure, pour soulager les souffrances. Long-temps il fut médecin du bureau de charité du septième arrondissement de Paris, et jamais personne n'allait en vain frapper à sa porte. Le pauvre comme le riche trouvait en lui le même accueil et les mêmes soins. Il n'enregistrait pas ses malades par ordre de rang ou de fortune, mais bien suivant le besoin plus ou moins urgent de sa présence auprès d'eux. Il avait tant l'amour de son honorable profession, que, depuis le mois d'octobre 1839 qu'il fut contraint de garder le lit, jusqu'au 2 mai

dernier, pour ainsi dire, qu'il termina son exis-
-tence, à l'âge de 70 ans, il oubliait le danger de
sa position pour s'occuper de ses malades.

Telle fut la carrière civile de notre bon frère
Vassal, carrière qui sympathisait si bien avec les
besoins de son cœur, et qu'il a remplie avec la
dignité que doit avoir l'homme qui se voue par
état au soulagement des douleurs et des mi-
sères humaines.

Maintenant, mes frères, si vous voulez le
suivre avec moi dans sa vie maçonnique,
vous ne tarderez pas à reconnaître les services
distingués qu'il a rendus à cet Ordre antique
auquel il était si jaloux d'appartenir, et vous
serez à même de juger de son dévouement et
de sa haute capacité en Maçonnerie.

La date de l'entrée du frère Vassal dans
notre Ordre ne nous est pas connue ; mais
nous savons que dès 1811 il fit partie de cette
respectable Loge, dans laquelle il n'a cessé de
réunir le suffrage continuel et unanime de ses
frères, qui l'ont appelé successivement aux fonctions, soit de Surveillant, soit d'Orateur, et sur-

tout à celle de Président, qu'il a remplie pendant un si grand nombre d'années, et qui n'ont été interrompues que pour satisfaire aux statuts généraux de l'Ordre, ou pour des motifs indépendans de la volonté des membres de la loge.

Si on examine ce frère comme Orateur, on voit avec quelle sagacité et surtout avec quelle conviction il instruisait les jeunes néophytes et leur inspirait l'amour du devoir. Que de lumières il faisait·jaillir de cette tribune, si faiblement occupée aujourd'hui !

En sa qualité de Président, ô mes frères ! tout ce qu'il a fait pour la Loge des *Sept Écossais* est trop présent à votre pensée pour qu'il soit besoin de vous le rappeler ici.

En effet , vous n'avez pu oublier ces jours où, par son talent et l'aménité de son caractère, il nous faisait goûter si délicieusement le bonheur d'être Maçon ?

Avec quel génie, avec quelle chaleur d'âme il savait nous engager et nous conduire dans la route de la philosophie, dont il se plaisait à nous aplanir les difficultés !

Comme il savait faire de la bienfaisance et
de la philanthropie une étude toute particulière,
et étendre son réseau sur tous les points qu'il
pouvait embrasser ! témoins ces prix d'encou-
ragement qu'il fonda pour les élèves des écoles
mutuelles.

Comme moi, vous vous rappelez, sans doute,
les années 1828 et 1829, lorsqu'il fit les deux
premières distributions en présence de l'autorité,
qui applaudissait à ces actes de philanthropie,
avec quelle joie et quelle marque de bonheur
non seulement les récompenses furent reçues
par les maîtres et les moniteurs de ces écoles,
mais encore toutes les paroles aussi spirituelles
que bienveillantes qu'il adressa à chacun d'eux.

Aussi, en 1830, au moment où le frère Vassal allait s'éloigner de la capitale, la Loge des
Sept Écossais, son Chapitre et son Conseil, éprou-
vant déjà un premier deuil de son départ projeté,
s'empressèrent de lui offrir un banquet auquel
ont assisté les Maçons notables de l'Orient de
Paris, et, en présence de l'élite de la Maçonnerie,
une médaille, en métal le plus pur, lui fut dé-

cernée par ces trois ateliers, en signe de reconnaissance pour les importans services qu'il avait
rendus.

De retour à l'Orient de Paris, après une année d'absence, année qui nous avait paru bien
longue et pendant laquelle nous avions éprouvé
un grand vide dans nos travaux, le frère Vassal
en reprit la direction, et depuis cette époque il
ne cessa, vous le savez, de faire briller notre
Loge d'un nouvel éclat, jusqu'au moment où sa
maladie nous priva de sa présence.

Pendant cette dernière période il semblait pré-
voir le terme fatal de sa vie ; il se multipliait
alors de toute part ; sa force morale paraissait
être en raison inverse de ses forces physiques ;
il craignait de n'être jamais assez utile à la société, à la Maçonnerie et à nous, mes frères, à
qui il avait prodigué tant de nouvelles preuves
d'amitié et de dévouement.

Mais par une coïncidence parfaite de pensées
et de sentimens, vous aussi paraissiez partager
ses craintes, car en 1839, lorsque après une an-

née d'interruption dans sa présidence, il fut rappelé à cette dignité par vos suffrages unanimes, vous ne voulûtes point attendre la fin de son exercice pour lui prouver de nouveau votre reconnaissance ; vous vous empressâtes de lui en exprimer le témoignage sur une médaille d'or qui fut attachée par vous sur sa poitrine le jour même de son installation.

Ici, mes frères, ma tâche semblerait devoir se terminer ; mais j'ai trouvé cette vie maçonnique tellement compliquée, que j'ai été obligé de la diviser pour la rendre intelligible à moi-même, et afin de pouvoir vous en donner ici un exposé aussi clair et aussi succinct que possible.

Ainsi donc, j'ai reconnu que pendant que notre frère Vassal s'occupait d'une manière si active de la prospérité de la Loge, il faisait en même temps fleurir son Chapitre et son Conseil par ses hautes connaissances et les principes philosophiques qu'il développait dans ces deux ateliers supérieurs ;

Qu'il avait écrit et publié son *Cours complet de Maçonnerie* ou Histoire générale de l'Initiation depuis son origine jusqu'à son institution en France ;

Qu'il avait aussi entrepris un travail de la plus haute portée pour la Maçonnerie sous le rapport philosophique, et que malheureusement il n'a pu terminer.

Ce travail, dont il se plaisait à donner connaissance à notre Conseil, au fur et à mesure qu'il le composait, avait pour titre : *Développemens scientifiques de la philosophie des divers âges du monde, jusqu'à nos jours, divisés en trois périodes, chacune subdivisée en autant d'époques qu'elle se composait de siècles.*

Mes frères, bien que vous connaissiez comme moi le zèle et l'activité qu'avait notre frère Vassal pour la Maçonnerie, si j'entreprenais actuellement de vous conduire au Grand-Orient de France pour vous montrer les nombreux travaux qu'il y a faits, et vous faire connaître les services qu'il a rendus au sénat maçonnique, vous seriez sans doute étonnés, et peut-être me diriez-vous : Est-ce bien encore du frère Vassal dont vous nous parlez ?

Oui, vous répondrais-je ; c'est encore de ce même frère qui, en 1812, entra au Grand-Orient comme Député du Chapitre de la Constance couronnée, Orient de Manosque, sa patrie. Il fut nommé Officier en 1816.

Secrétaire de la Chambre de Correspondance et des Finances, de 1821 à 1829, pendant lequel temps il présenta au Grand-Orient, dans sa fête solsticiale, dix-huit comptes rendus de tous les travaux d'administration de l'Ordre.

Officier honoraire en 1830, il rentra en activité en 1831 ;

Fut nommé Président de la Chambre de Cor-respondance, Orateur de la Chambre de Conseil et d'Appel, et Grand-Commandeur du Grand-Collège des Rites, pendant 1833 et 1834, époque à laquelle il donna sa démission.

Rentré au sein du Grand-Orient de France en qualité de Député en 1836, il fut nommé Officier près la Chambre de Correspondance dans laquelle il avait siégé pendant quatorze ans, et les élections de 1839 l'appelèrent aux fonctions de Secrétaire de la même Chambre, à celles d'Orateur de la Chambre de Conseil et d'Appel, et de Lieutenant-Commandeur du Grand-Collége des Rites.

En avril 1840, il retira ses lettres d'honoraire après vingt ans d'activité au Grand-Orient de France, et possédant depuis long-temps le grade de Grand-Inspecteur-Général, 33e et dernier degré de la Maçonnerie écossaise.

Je pourrais vous entretenir encore longuement, mes frères, de cette vie si doublement remplie ; mais je m'arrête, car la carrière du frère Vassal est inépuisable. Ce que j'en ai dit d'ailleurs doit vous paraître plus que suffisant pour que vous puissiez sentir vivement toute la perte que la mort nous fait éprouver en nous privant d'un aussi bon frère, d'un aussi bon ami, plus que suffisant même pour nous donner la douce et consolante pensée qu'au moment où Dieu a dégagé de son corps, resté à la terre, le souffle divin qui l'animait, il a pu dire avec tranquillité :

Seigneur, je suis prêt !

Oui, frère Vassal, tu as bien mérité de la

société, aussi la société rend hommage à ta mémoire.

Tu as bien mérité de la Maçonnerie, aussi la Maçonnerie te donne en ce moment un haut témoignage de son estime.

Tu as bien mérité de ta famille, aussi ta veuve et tes enfans mêlent en ce moment leurs larmes aux nôtres.

Quant à nous, tes enfans et tes frères des *Sept Écossais réunis*, notre douleur est amère comme était douce pour nous ton amitié; conserve-nous encore cette amitié jusque au-delà du tombeau. Puisse le divin Créateur exaucer la prière que nous lui adressons pour que tu obtiennes paix et miséricorde! Puisse ton âme, du haut du céleste séjour, venir nous inspirer dans nos travaux! et si, à ton exemple, nous parvenons à faire encore un peu de bien, nous mettrons notre bonheur à t'en attribuer le mérite.

Adieu, Vassal! adieu, notre frère! adieu, notre ami!

FIN.

www.ingramcontent.com/pod-product-compliance
Lightning Source LLC
Chambersburg PA
CBHW051401050726